Liebe Mami, lieber Papi

bitte mach dich ganz schick und sag den anderen,

sie sollen mich nach Hause lassen.

Mein liebes Kind,

du bist schon groß! Zieh dir was Schönes an und

geh selbst nach Hause.

Pack das Geschenk deines Lebens

aus uns befreie uns!

Lieben Gruß, deine Mami und dein Papi

WILLKOMMEN IM WIR

Es geht nicht um Anerkennung, es geht um dich UND um uns!

Jeder Mensch erlebt die Welt durch die eigenen Augen. Dieser einzigartige Blick eröffnet ungeahnte Möglichkeiten. Unser Blick bringt das was unser Leben formt. Die einzige Frage um die es geht ist, worauf du deine Aufmerksamkeit richtest.. Dieser Leitfaden soll als Sprungbrett für euer Herz, eure Seele und euren Verstand dienen als Chance, euch in eurer Authentizität zu entdecken und damit noch viel weiter in ein Miteinander in neuer Qualität zu gehen. Es ist eine Sammlung von Impulsen, die anregen dürfen, kleine Botschaften in euer Inneres zu senden. Wenn wir uns auf unsere eigenen Wahrheiten ausrichten, erteilen wir uns und jedem die Erlaubnis, dieses Leben nach unserer Vision zu leben, jetzt und immer. Schluss mit der Suche nach Bestätigung für unsere Existenz , wie auch immer das von Moment zu Moment aussehen mag. Sobald wir in den Mut, die Liebe und die Weisheit vordringen, die wir bereits haben, kommt uns die Zukunft fröhlich entgegen. Wir forschen, spielen und entdecken in uns alles, was es im Leben wirklich braucht.

Stellt euch vor, das was es zu lesen gibt käme von eurer inneren Stimme. Schaut euch an was euch passend erscheint und lasst alles was in euch nicht bewegt oder für euch nicht stimmig klingt einfach weg.

Fühlt euch eingeladen, jeden Satz in eurem ganz eigenen Tempo zu lesen. Wie es sich gut anfühlt, meditiert, schreibt Tagebuch, arbeitet mit jeder Perspektive, die euch anspricht, in der Geschwindigkeit und so oft, wie es sich für euch richtig anfühlt.

In jedem Fall, jetzt und immer, geht davon aus, dass ihr geliebt werdet, dass ihr würdig seid, und jeder Mensch genau so gut ist, wie er jetzt ist. Folgt eurer vereinten, von Herz und Seele geführten Wahrheit, zuerst, zuletzt und immer. Ihr wisst es, wenn ihr es in Klarheit und in einem Zustand der Liebe fühlt. Wir freuen uns darauf, die Welt frei und vollständig durch euer inspiriertes Herz, eure Seele und eure Augen ausgedrückt zu sehen.

Und vergesst nicht, der Freude zu folgen! - Denn schließlich ist dies euer Abenteuer, eure Geschichte, euer Leben.

Du bist berufen und folgst dem Ruf.

Ich Werde Eine Änderung Vornehmen

Das Leben ist Veränderung und diesmal mach ich mit!

Es wird sich gut anfühlen

Werde einen Unterschied machen - Werde es stimmig machen

Als ich den Kragen meiner Lieblingswinterjacke drehte wehte mir der Wind in den Verstand

Ich sehe die Kinder in den Straßen - Sie haben nicht genug zu essen

Wer bin ich um blind zu sein? - Soll ich vortäuschen ihre Hilfe nicht zu sehen?

Missachtung eines Sommers - Eine zerbrochene Flaschenoberseite

Und die Seele eines Mannes - Sie folgen sich

Du weißt der Wind - Weil sie nichts haben wo sie hingehen können

Das ist warum ich wissen möchte

Ich beginne mit dem Mensch im Spiegel - Ich bitte ihn seine Wege zu ändern

Und keine Mitteilung hätte klarer sein können

Wenn du aus der Welt einen besseren Platz machen möchtest Schau dich an und verändere dich

Ich bin ein Opfer von einer egoistischen Art der Liebe gewesen -

Es ist Zeit das ich begreife

Das es Leute gibt die kein zu Hause haben - Nicht eine Münze zu verschenken - Könnte ich es wirklich sein - Vortäuschen das sie nicht alleine sind

Eine tiefe Wunde - Ein gebrochenes Herz

Und ein herausgeputzter Traum - Du siehst Sie folgen den Mustern des Windes

Weil sie keinen Platz zum sein haben - Das ist warum ich beginne mit mir

Dieser Mann, Dieser Mann...... - Ich bitte ihn seine Wege zu ändern

Du weißt keine Mitteilung hätte klarer sein können - Wenn du aus der Welt einen besseren Platz machen willst - Schau dich an und verändere dich

.- Das fühlt sich gut an -

Ich werde eine Veränderung vornehmen - Es wird sich gut anfühlen -

Los komm! -Hebe dich! Du musst das beenden! Erlaub es dir.

DEINETWEGEN! Ich mache diese Veränderung! HEUTE! Du weißt es! DU weißt es Du weißt es Du weißt es

Nimm in dir diese Veränderung vor!

Frei nach: Michael Jackson, Man in the Mirror

Von Herzen tiefsten Dank an die unzähligen Pioniere der neuen Zeit. Es würde den Rahmen sprengen, euch alle mit Namen zu erwähnen, doch ohne euer authentisches Wirken wären die folgenden Zeilen nie entstanden. Danke an das Geschenk des Lebens und an die Chance täglich zum Besseren zu streben und der natürlichen neuen Menschlichkeit den Raum zu schaffen, der heilsam sein darf. Die Bilder in diesem Buch sind geboren aus der digitalen Tiefe künstlicher Intelligenz – Visionen, von Maschinen gemalt, doch von einem menschlichen Herzen kreativ initiiert und ersonnen. Beim Schreiben habe ich wie immer meine kreative Intelligenz genutzt.

Louisan Delphin

Originalausgabe
1. Auflage APRIL 2025
© LOUISAN DELPHIN
Verlag:
BoD · Books on Demand GmbH, Überseering 33,
22297 Hamburg, bod@bod.de
Druck:
Libri Plureos GmbH, Friedensallee 273, 22763 Hamburg
ISBN: 978-3-8192-7649-1

In diesen heil'gen Hallen

IN DIESEN HEIL'GEN HALLEN
KENNT MAN DIE RACHE NICHT,
UND IST DER MENSCH GEFALLEN,
FÜHRT LIEBE IHN ZUR PFLICHT.

DANN WANDELT ER AN FREUNDES HAND
VERGNÜGT UND FROH IN'S BESS'RE LAND,
(DANN WANDELT ER AN FREUNDES HAND)
(VERGNÜGT UND FROH IN'S BESS'RE LAND,)
(DANN WANDELT ER AN FREUNDES HAND)
(VERGNÜGT UND FROH IN'S BESS'RE LAND,)
IN'S BESS'RE, BESS'RE LAND.

IN DIESEN HEIL'GEN MAUERN,
WO MENSCH DEN MENSCHEN LIEBT,
KANN KEIN VERRÄTER LAUERN,
WEIL MAN DEM FEIND VERGIEBT.

WEN SOLCHE LEHREN NICHT ERFREUN,
VERDIENET NICHT, EIN MENSCH ZU SEIN,
(WEN SOLCHE LEHREN NICHT ERFREUN,)
(VERDIENET NICHT, EIN MENSCH ZU SEIN,)
(WEN SOLCHE LEHREN NICHT ERFREUN,)
(VERDIENET NICHT, EIN MENSCH ZU SEIN,)
EIN MENSCH, EIN MENSCH ZU SEIN.

WOLFGANG AMADEUS MOZART

ZAUBERFLÖTE

DER WEG IST DAS ZIEL

Wir alle sind liebenswürdig. Vollständig bedingungslos, so
wie wir jetzt gerade sind

Das waren wir schon immer und werden wir auch immer
sein. Jeder ist der bedingungslosen Liebe jetzt und immer
würdig. Wir waren immer würdig, auch wenn wir das
manchmal für einen Moment vergessen haben. Es gibt
Geschichten, die wir uns früher in der Vergangenheit
erzählt haben, die wahr klangen.

Wir sagten uns, dass wir erst dies oder das noch
brauchen damit alles gut wird. Wir haben uns eingeredet,
dass andere sich ändern müssen. Jetzt sind wir uns selbst
gegenüber viel klarer. Wir können erkennen, dass wir, egal
was wir getan haben oder waren oder sind und machen,
wir sind liebenswürdig. So wie wir gerade sind.

Wir fühlen uns leichter und freuen uns, wenn wir spüren,
wie wir uns mit all der Liebe die wir sind verbinden.

Wie besonders wir sind wenn wir uns entscheiden, uns
durch die Linse der Wahrheit zu sehen, so wie wir es jetzt
machen.

Und wenn wir uns daran erinnern, lachen wir, sobald wir
feststellen, dass hinter den Augen jedes Liebhabers, jedes
Freundes, jedes Familienmitglieds, jedes Menschen, dem
wir begegnen ein eigenes Spiegelbild ist - wir haben
angefangen ein Spiel mit uns selbst zu spielen und gelernt
uns durch jeden dieser Menschen zu lieben.

Wir können jetzt sehen, dass die Liebe, die wir in anderen
gesucht haben, die Liebe ist, die von unserem eigenen
Wesen ausgeht.

Und wenn wir uns entscheiden, uns weiterhin ergebnisoffen zu lieben, können wir dieser Liebe erlauben, durch uns und alle Menschen und Aktivitäten in unserem Leben zu fließen als Quelle immer neuer Freude - und wir sehen wie sich diese Liebe in der ganzen Welt ausbreitet, überfließend aus unseren endlosen, mit der Quelle verbundenen Herzen. indem wir mit anderen lieben, erlauben wir uns selbst, die Liebe zu spüren, die wir selbst ausstrahlen.

Wir sehen jetzt, dass wir, ob andere daran teilhaben oder nicht, immer dieser Liebe würdig sind.
Lieben geht immer und ist auch immer erlaubt! In allem, was wir tun, erinnern wir uns daran, dass die Quelle der Liebe, nach der wir immer gesucht haben, in uns selbst liegt Auch wenn wir es manchmal vergessen, erinnern wir uns jetzt daran, dass wir immer für uns da sind.
Mit jedem von uns.
Es gibt nichts, was wir jemals wieder tun oder erkämpfen oder anstreben müssten. Wir erinnern uns jetzt, dass wir immer würdig waren und immer würdig sein werden.

Der

Alltag

hält uns

oft in Abhängig-

keiten und Verpflichtungen

gefangen und wir finden keine

Ruhe. Wie schön zu wissen, dass

egal wie verrückt dieses Spiel des Lebens

zu werden scheint, wir uns immer tief im Inneren

daran erinnern, dass wirklich alles in Ordnung ist und dass

alles für uns gut ausgeht. Wir haben längst erlebt, dass es manchmal

so aussah, als wäre es wirklich schlimm, aber egal, was auch passiert, wir sind hier. Die

Dinge wenden sich für uns auf überraschende und unerwartete Weise. Wir fühlen uns

glücklich, wenn wir uns im Leben entspannen und sehen, wie es uns Mut macht, wir

geliebt und versorgt sind Je mehr wir loslassen passieren all diese Dinge, von denen wir

glaubten, dass wir sie brauchen,. Wir können sehen, dass das Leben immer mit uns und

für uns gearbeitet hat hat, auf allen Ebenen. Wir können sehen, dass wir immer genau da

sind, wo wir sein müssen. Alles ist gut, und alles funktioniert immer für uns. Wir lieben es,

dass wir unseren Teil dazu beitragen können, auf unsere innere Führung hören und die

Schritte gehen, die uns inspirieren.

ALLES IST O.K.

Wir wissen, dass wir, wenn wir dieser Führung folgen, immer genau den Weg gehen, den wir am meisten brauchen von Moment zu Moment.Unsere Erfahrungen haben uns geholfen, zu wachsen und uns zu verändern. Wir lieben die Tiefe des Charakters, den wir aus unseren schwierigsten Erfahrungen gewonnen haben. Auch wenn wir jeden Tag aufs Neue herausgefordert werden, lieben wir uns als Menschen, die wir heute sind, und wir wissen, dass alles, was uns bevorsteht, etwas ist, dem wir gewachsen sind. Alles ist gut, und wir freuen über über alles in unserem Leben, das uns von Augenblick zu Augenblick zu den Menschen formt, die wir heute und in jedem Augenblick sind.

ERLAUBNIS

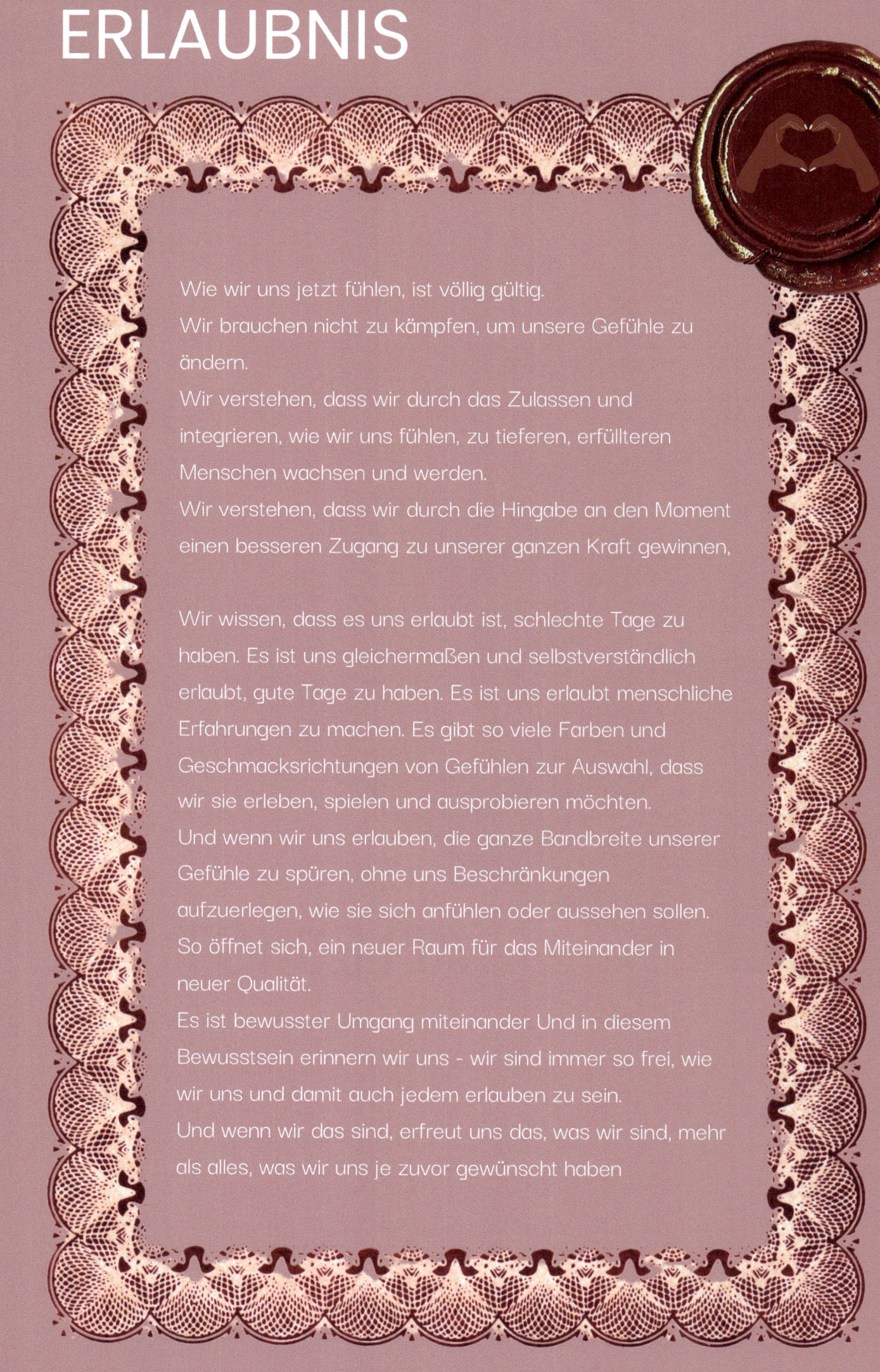

Wie wir uns jetzt fühlen, ist völlig gültig.

Wir brauchen nicht zu kämpfen, um unsere Gefühle zu ändern.

Wir verstehen, dass wir durch das Zulassen und integrieren, wie wir uns fühlen, zu tieferen, erfüllteren Menschen wachsen und werden.

Wir verstehen, dass wir durch die Hingabe an den Moment einen besseren Zugang zu unserer ganzen Kraft gewinnen,

Wir wissen, dass es uns erlaubt ist, schlechte Tage zu haben. Es ist uns gleichermaßen und selbstverständlich erlaubt, gute Tage zu haben. Es ist uns erlaubt menschliche Erfahrungen zu machen. Es gibt so viele Farben und Geschmacksrichtungen von Gefühlen zur Auswahl, dass wir sie erleben, spielen und ausprobieren möchten.

Und wenn wir uns erlauben, die ganze Bandbreite unserer Gefühle zu spüren, ohne uns Beschränkungen aufzuerlegen, wie sie sich anfühlen oder aussehen sollen.

So öffnet sich, ein neuer Raum für das Miteinander in neuer Qualität.

Es ist bewusster Umgang miteinander Und in diesem Bewusstsein erinnern wir uns - wir sind immer so frei, wie wir uns und damit auch jedem erlauben zu sein.

Und wenn wir das sind, erfreut uns das, was wir sind, mehr als alles, was wir uns je zuvor gewünscht haben

WIE WIR UNS IM MOMENT FÜHLEN, ZÄHLT FÜR UNS.

Früher haben wir geglaubt, dass unsere Gefühle nicht so wichtig sind wie andere Dinge. Inzwischen haben wir gelernt, dass dies für uns nicht zutrifft. Wie wir uns fühlen, spielt eine Rolle. Wie wir uns fühlen, ist das von allen Dingen in diesem Leben am Wichtigsten. Wir verstehen jetzt und erinnern uns daran, dass unsere Gefühle die Grundlage und das Fundament für all unsere Ideen in diesem Leben, innerlich und äußerlich bilden. Wie wir fühlen, wird somit zum Schlüssel in all unseren Aktivitäten.

Wir haben gelernt, unsere Gefühle zu verstehen und uns ihrer bewusst zu sein, denn sie sind die Grundlage aller Partnerschaften sowohl zu uns selbst als auch im wir.

Und wenn wir mit uns selbst im Reinen sind, wenn wir uns auf allen Ebenen zuhören, wenn wir darauf achten wie wir uns fühlen. So können wir klarer miteinander kommunizieren, und alle Ideen und Projekte können sich mit unserer Mitwirkung reibungsloser realisieren lassen.

Wir wissen, dass unsere Gefühle die Energie und unsere Kreativität steuern.

Je mehr wir fühlen, je mehr Liebe, Freude. und Begeisterung wir mit unseren Ideen fühlen, desto erstaunlicher werden die Ergebnisse. Wir wissen wenn wir uns 'daneben' fühlen, ist das nur die Art unseres inneren Körpers, unsere Aufmerksamkeit zu erregen. Wir schätzen unser inneres Führungssystem und wie es uns warnt. Wenn wir uns also nicht so gut fühlen, ist es für uns wichtiger, unsere Handlungen zu unterbrechen und nach innen zu gehen, um uns darüber klar zu werden, was wir fühlen.

Das wird uns viele Erfahrungen sammeln lassen und lehren und hilft uns, unser wahres wir und selbst auf allen Ebenen zu leben. Wir erinnern uns daran, dass wir, wenn wir nicht sicher sind, wie wir uns fühlen sollen, oder wenn wir Klarheit brauchen, einen Moment still zu sitzen, nach innen zu gehen und uns selbst unsere volle Aufmerksamkeit zu schenken.

Dann hören wir aktiv zu. Wir beobachten uns selbst und halten Raum auch für uns im wir. Wir wissen, dass wir wirklich zuhören und uns mit uns verbinden möchten.

Wir erkennen den Unterschied zwischen jemandem, der in seinen Gedanken versunken ist, und jemandem, der wirklich Aufmerksamkeit schenkt, zuhört und sieht.

Wir entscheiden uns dafür, die Person zu sein, die sich und anderen zuhört und Aufmerksamkeit schenkt. Wir sind für uns da jetzt und immer.

WIR DÜRFEN UNSERE ÜBERZEUGUNGEN ÄNDERN, WENN DAS UNSERE CHANCE ZUM BESSEREN IST.

Wir haben uns in diesem Leben viele Geschichten erzählt und uns viele Geschichten erzählen lassen. Manchmal wiederholen wir Geschichten, weil sie uns so gut gefallen und unser Leben bereichern.

Wir nennen diese wiederholten Geschichten Glaubenssätze. Manchmal haben wir uns in unseren Glaubenssätzen verfangen und das ist okay. Wir erinnern uns. Unsere Überzeugungen sind unsere Werkzeuge. Es sind eingeübte Gedanken, die wir in den Rahmen unseres Raumes aufgenommen haben, weil sie uns an der einen oder anderen Stelle geholfen haben.

Manchmal haben wir Überzeugungen für eine sehr lange Zeit. Ein anderes Mal haben wir Überzeugungen nur für eine kurze Zeitspanne. Ob kurz oder lang, wir waren schon da, bevor wir unsere Überzeugungen hatten, und wenn sie weg sind, bleiben wir.

Wir wissen jetzt, dass wir nichts mit unseren Überzeugungen zu tun haben. Ganz gleich, wie fest sie scheinen, alle Überzeugungen sind nur Gedanken. Wir wissen das, weil unsere Überzeugungen kommen und gehen, aber wir bleiben immer wir. Wenn wir lernen uns nicht immer alles zu glauben was wir denken, lernen wir, mit dem Nichtwissen in Frieden zu sein. Wir erinnern uns gegenseitig, dass wir flexibel sein können, wenn wir es zulassen.

Wir erinnern uns jetzt daran, dass es keinen Grund gibt, an einem Glauben festzuhalten, der uns nicht mehr dient. Wir erkennen eine Überzeugung, die uns nicht mehr dient, wenn wir uns weniger wert fühlen als das, was wir wirklich sind. Wir beschließen, nur noch Überzeugungen zu verwenden, die all das, was wir sind, auf jeder Ebene fördern.

Wir wissen, dass die Überzeugungen manchmal sture Haltungen hervor bringen können, doch anstatt darauf gedanklich rum zu kauen erinnern wir uns, dass wir wählen dürfen worauf wir uns konzentrieren und was wir denken und was nicht.

Wir müssen nicht richtig oder falsch liegen. Es ist in Ordnung dass wir mal etwas geglaubt haben und später etwas anderes glauben. Wir dürfen uns verändern und wir machen uns Mut zu Veränderungen die uns im wir unterstützen und wir werden, wer wir wirklich sind. Wir achten auf Gedanken die uns ermutigen und unterstützen. Und egal wie oft das schief läuft, wir lachen und erinnern uns an diesen Plan.

So schaffen wir Einheit in unserem Wir und wählen die Gedanken, die uns dienlich sind und weiter bringen. Wir lassen einfach weg, was uns nicht dienlich ist.

JEDER SCHRITT IST UNERLÄSSLICH FÜR UNSER ABENTEUER.

Es gibt viele Dinge, die wir auf unserer bisherigen Reise gelernt haben, und es gibt viele Dinge, die sind neu und wieder in jedem Moment.

Wir haben gelernt, dass es kein wirkliches Bedauern in der Existenz gibt, denn unsere Existenz endet nie. Jeder Moment ist eine neue Gelegenheit, eine neue Chance zum Besseren. Jede Erfahrung formt unser Wir zu dem, was wir heute sind, von Augenblick zu Augenblick.

Selbst wenn die Geschichte oder die Lektionen intensiv erscheinen, selbst in den Momenten, in denen es sich schmerzhaft oder schwer anfühlt zu lernen, sehen wir, dass jeder Moment, jede Erfahrung immer ein liebevoller Begleiter ist.

So können wir erkennen, wo unsere begrenzenden Anhaftungen geblieben sind, und wir entdecken, wie frei wir sein können.

Wir sind dankbar für jeden Schritt in diesem Abenteuer. Wir wissen jetzt, dass es nie etwas zu befürchten gab, denn wir können nie etwas wirklich verlieren. Illusionen verschwinden, verschieben und verändern sich, was bleibt, sind wir.

Wir sind alle Lehrer und Schüler zugleich

In jedem Menschen, dem wir begegnen, steckt ein Lehrer.

Ob wir uns daran erinnern, dass sie unsere Lehrer sind oder nicht, Wir wissen, dass wir etwas lernen können, wenn wir uns einer Person oder Situation gegenüber widersprüchlich fühlen, gibt es für uns was zu lernen.

Wir wissen, dass wir, wenn wir einer Person oder Situation mit Verständnis und Bewusstsein begegnen, klar erkennen können, an welchen Illusionen wir festhalten und warum es "hakt".

Wir können das sehen und uns daran erinnern, dass unser Widerstand nie von einer äußeren Situation kommt - er kommt immer von einem Gedanken, an dem wir festhalten und der einfach nicht zu dem passt, was wir sind.

Wenn wir das spüren, können wir uns freuen. Es ist eine Gelegenheit für uns, uns unserer eigenen Illusionen bewusst zu werden.

Anstatt uns über eine Person oder eine Situation zu ärgern, die uns einst als Herausforderung erschien, können wir die liebevollen Augen eines lieben Freundes, eines lieben Lehrers sehen, die im Herzen all derer schlagen, die mit uns zu tun haben.

Wir erinnern uns, dass uns niemand ohne unsere Erlaubnis wirklich verletzen kann. Die Menschen verletzen immer nur sich selbst - das ist passiert immer wieder bis wir erkennen, dass wir auch verwirrt waren, als wir ihnen die Schuld dafür gaben, wie wir uns fühlten. nämlich auch verwirrt.

Anstatt noch mehr Verwirrung zu stiften, sind wir uns selbst und allen als Lehrer dankbar für das tiefere Verständnis, das es zu entdecken gibt.
Wir entdecken die authentischen Seiten an uns, die wir sind. Lachend und zusammen spielend hinter unseren verschleierten vorübergehenden Rollen von Menschen im Konflikt.

Wir erleben, wie wir uns gegenseitig lehren, wie wir uns gegenseitig lieben.
Wir zeigen uns all die Teile von uns, die wir vergessen haben zu lieben.
Sie zeigen uns, wo unsere Aufmerksamkeit wirklich liegt, so dass wir uns, wenn wir uns aufregen, daran erinnern können, nach innen zu gehen und eine neue Entscheidung zu treffen.
Wir lernen wieder Mitgefühl, bedingungslose Liebe, wie wir behandelt werden möchten wie wir andere behandeln.
Sie zeigen Illusionen an denen wir uns fest halten.. Sie erinnern uns daran, dass dass wir uns nie über die äußeren Dinge aufregen, über die wir manchmal so tun, als würden wir uns aufregen oder ärgern.

Wir erinnern uns daran, dass all unsere Wahrnehmungen und Meinungen über die Realität bei uns selbst beginnen und enden.

So erkennen wir, was wir nicht mögen.

Doch wir haben gelernt, dass es nichts gibt, wovor wir weglaufen können bis die Lektion gelernt wurde. Die Menschen wechseln, die Herausforderung bleibt.

Die Lektion ist immer erst zu Ende, wenn sie zu Ende ist. Wenn wir mit der Herausforderung unseren Frieden schließen. Stellen wir uns den Herausforderungen mit Demut, Dankbarkeit und Hingabe machen wir neue Erfahrungen und erleben Überraschende Wendungen und Neuanfänge.

Im Wir im Jetzt.

Wir lernen zusammen und kämpfen nicht länger gegen. Wir lieben das und wissen es zu schätzen, lernen mit spielerischer Neugier und erfreulichem Eifer von Moment zu Moment. Wir sagen "willkommen" auch zu den schwierigen Situationen in die wir geraten. Da Liebe die größte Kraft in allem ist wissen wir, dass sich so am ehesten Herausforderungen überwinden lassen. In jedem, dem wir begegnen, steckt unser Lehrer und wir sind die Lehrer von jedem, der uns begegnet.

Wenn das die neue Grundlage unserer Qualität im Miteinander ist, entsteht eine sehr heilsame Form der Wertschätzung für das Geschenk des Lebens und die Weisheit, die es in jedem von uns auf ganz individuelle Art und Weise birgt.

NOTIZEN

SCHREIB DIR AUF WAS DIR NACH
DEM LESEN DIESER ZEILEN
EINFALLEN MÖCHTE.

WAS IN MIR FREUT SICH AUF DAS WIR UND WARUM?

ES GIBT KEINENGRUND MEHR VOR DER ANGST ZU VERSAGEN.

Es gibt

etwas in uns,

das unsere "Knöpfe"

drückt und sich vor dem

Scheitern versteckt: Ego hilft im

Leben, so zu tun, als wären wir kleine

Wesen, während wir doch gleichzeitig so

groß sein können. Es schürt die Angst vor dem

Sterben. Es sieht Veränderungen und Herausforderungen als

tödliche Bedrohung an. Je älter wir werden, desto weniger glauben wir,

wachsen zu können oder zu dürfen. Die Hirnforschung sieht das inzwischen ganz anders

und wir wissen seit ca. 30 Jahren, dass das Lernen nie aufhören muss. Im Wir im Jetzt

trainieren wir diese Sichtweise und wachsen über unsere ganz persönlichen Grenzen

hinaus. Wir können den Wert des Wachstums sehen und uns daran erfreuen.

Wir verstehen, dass alles Leben in Zyklen fließt, Geburt und Tod, Erfolg und Misserfolg.

Da wir das verstehen, sehen wir, dass es nichts zu befürchten gibt. In jedem Erfolg liegt

der Keim des Scheiterns. In jedem Scheitern steckt der Keim des Erfolgs.

Es ist ein ewiger Kreislauf, der uns eine breite Palette von Erfahrungen und Möglichkeiten

bietet um uns zu einem volleren Ausdruck zu entwickeln.

Wenn wir uns daran erinnern, erkennen wir, dass wir nie wirklich scheitern können. Was wir einst für ein Scheitern hielten ist nur eine wertvolle Erfahrung mehr, die uns eine aufregende Wendung in unserer Geschichte geschenkt hat. Damit wir scheitern können, müsste das Leben enden. WIR sind ewig als Gemeinschaft. Das Leben wird immer neu erschaffen, von Augenblick zu Augenblick. Und so erinnern wir uns daran, dass Scheitern nur eine Wahrnehmung ist. Wehren wir uns, erinnern wir uns daran, das wir uns damit selbst zeigen, wie wir uns gegen Veränderungen wehren Widersetzen wir uns, verstecken wir uns vor einer Form der Kommunikation mit uns selbst. Veränderung gehört dazu auch wenn es manchmal ungemütlich ist. Alles was wir erleben, gehört zu unserer ganz eigenen Wahrnehmung. Scheitern ist eines unserer größten Tore zur Freiheit, Wenn wir nichts zu verlieren haben, gehen wir aufs Ganze, und in diesen Momenten finden wir manchmal unseren größten Erfolge. Und nur wenn wir das ablegen, was uns nicht entspricht, können wir all das sein, was uns entspricht.

Wir brauchen keine Angst mehr und erlauben uns, die Wahrheit zu sehen.

DAS LEBEN WIRKT STETS FÜR UNS UND WIR WIRKEN MIT DEM LEBEN

Wir haben immer gedacht, wir müssten alles allein schaffen, fühlten uns allein und einsam.

Dachten, die einzige Möglichkeit in dieser Welt zu überleben besteht darin, zu kämpfen, zu duckmäusern und zu betteln um einen kleinen Teil des Lebens sicher für uns zu ergattern.

Wir fanden nicht viel Gefallen daran und wussten in unseren Herzen schon immer, dass wir alle durch das Leben das wir hier zeitgleich führen verbunden sind.

Jedes Leben ist wertvoll und wir erkennen, dass das Leben für uns und mit uns wirkt. Eine fortwährende natürliche Entwicklung.

Auch wenn wir uns manchmal sträuben oder verwirrt fühlen, wissen wir, dass

dass wir auf einer höchsten und vollsten Ebene immer geborgen sind, geliebt werden und alles haben, was wir brauchen

Sobald wir entscheiden, es zu sehen.

Egal ob jemand, Gott, das Universum, das Leben oder was auch immer sieht. "Es" ist da und mit Worten kaum zu beschrieben. Selbst wenn wir versucht haben, uns dagegen zu wehren, ist das Leben immer gut für uns gelaufen.

Und wir erkennen inzwischen, je mehr wir mit dem Strom des Lebens schwimmen, je mehr wir unserer Wahrheit folgen, desto leichter fällt es uns, das Leben zu "surfen".

Je mehr wir fließen, desto leichter kann sich das Leben WIRKlich mit uns verbinden und mit uns spielen.

Wie schön! Es kann wirklich so einfach sein!

Es kann wirklich so wahr, schön und gut sein.

Wir erinnern uns jetzt daran, uns nicht auf das zu konzentrieren, von dem wir denken, dass wir es nicht wollen, wir erinnern uns, unsere Energie und Aufmerksamkeit auf all das zu richten, was uns Energie gibt und uns mit unserem natürlichen Zustand der Freude verbindet.

Es ist nichts, was wir erst beweisen müssen.

Es ist nicht etwas um das wir betteln.

Wir sind auf Augenhöhe im Spiel.

Wir öffnen uns für unser aller Geburtsrecht.

Und selbst wenn wir es von Zeit zu Zeit vergessen, ist es immer genau da, wo wir es gelassen haben.

Welche Freude.

Das Leben arbeitet immer mit uns und für uns und unsere wertvollen Erfahrungen.

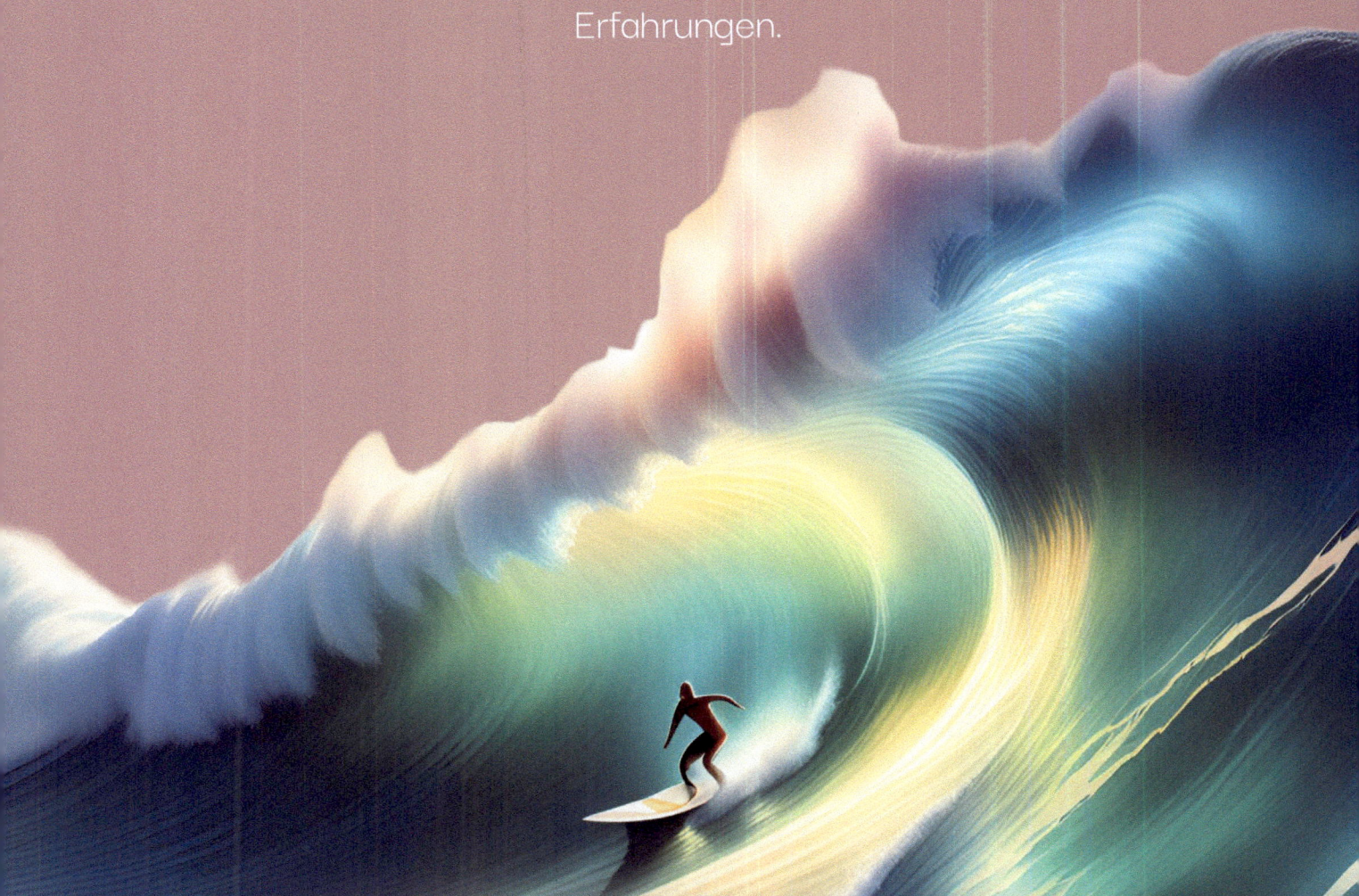

FRAGEN...

IN EINEM TRAUM ERSCHEINT ES
ICH GING ZU DENJENIGEN, DIE DIE OFFENE TÜR SCHLIESSEN
UND DEN SCHLÜSSEL DREHEN, ICH SASS
UND SPRACH ZU DENEN IN MIR
SIE BEANTWORTETEN MEINE FRAGEN MIT FRAGEN
UND WIESEN MICH IN DIE NACHT
WO DER MOND EIN STERNENMALENDER TÄNZER WAR
UND DIE WELT WAR NUR SPEKTRUM DES LICHTS

SIE ERREICHTEN MEIN ZENTRUM DER VERNUNFT
UND ZOGEN DEN PRÜFSTEIN HERAUS, DEN ES GIBT
DER SCHOCK DES LICHTS BRACHTE MICH INS WANKEN
UND ICH VERLIEBTE MICH IN DIE TIEFEN DER VERZWEIFLUNG

BEIM DREHEN DES SCHLÜSSELS, SASS ICH
UND SPRACH ZU DENEN IN MIR

SIE BEANTWORTETEN MEINE FRAGEN MIT FRAGEN
UND VERANLASSTEN MICH, AUF DIE SCHWELLE ZU TRETEN
WO SONNE UND DER MOND ALS BRÜDER WAREN
UND ALLES, WAS ÜBRIG BLIEB, WAR ZU DENKEN

SIE BEANTWORTETEN MEINE FRAGEN MIT FRAGEN
UND SIE WIESEN MICH IN DIE NACHT
UND DIE KRAFT, DIE MICH GEBAR, HATTE MICH ALLEIN GELASSEN
UM HERAUSZUFINDEN, WAS RICHTIG WAR

MANFRED MAN

Aufbruch

WENN NICHT MEHR ZAHLEN UND FIGUREN

SIND SCHLÜSSEL ALLER KREATUREN,

WENN DIE, SO SINGEN ODER KÜSSEN,

MEHR ALS DIE TIEFGELEHRTEN WISSEN,

WENN SICH DIE WELT INS FREIE LEBEN,

UND IN DIE WELT WIRD ZURÜCKGEGEBEN,

WENN DANN SICH WIEDER LICHT UND SCHATTEN
ZU ECHTER KLARHEIT WERDEN GATTEN
UND MAN IN MÄRCHEN UND GEDICHTEN
ERKENNT DIE WAHREN WELTGESCHICHTEN,
DANN FLIEGT VOR EINEM GEHEIMEN WORT
DAS GANZE VERKEHRTE WESEN FORT.

NOVALIS

WIR ERMUTIGEN UNS, UNSERER EIGENEN WAHRHEIT ZU FOLGEN

So gewinnen wir mit jedem Moment mehr und mehr Klarheit - und selbst wenn wir das vorübergehend vergessen, wissen wir, dass wir immer dort landen werden, wo wir jetzt hin gehören.

Wir wissen, dass jeder, egal was passiert, immer seinem wahrhaftigen Weg folgt.

Selbst wenn wir scheinbar ein paar Schritte zurück gehen, selbst wenn wir eine Lektion zu lernen haben, selbst wenn wir das Gefühl haben, dass schwierige Zeiten gekommen sind, erinnern wir uns...

Wir sind immer dort, wo wir in diesem Moment am meisten gebraucht werden. Wir folgen immer unserer Wahrheit, so gut wir uns von Moment zu Moment erinnern können.

Ganz gleich, wofür wir uns entscheiden, wir sorgen immer liebevoll für uns selbst und werden liebevoll vom Leben umsorgt. Wir erinnern uns, dass in diesem Leben viel mehr möglich sein kann, als wir auf den ersten Blick sehen.

Wir wissen, dass wir, wenn wir weiter in uns hineinhören, in der Stille unseres Herzens, den nächsten Schritt von Augenblick zu Augenblick unserer ganz eigenen Wahrheit deutlicher hören können.

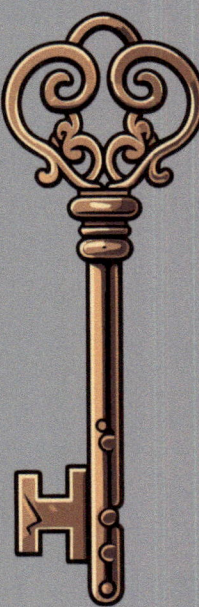

Wir wissen, dass wir alles haben, was wir brauchen, um uns jetzt innerlich zu verbinden, und alles, was wir darüber hinaus brauchen, wird sich immer in dem Moment mit uns verbinden, in dem wir es brauchen.

Wir sind klar.

Und selbst wenn es sich so anfühlt, als wären wir es nicht, ist es für uns in Ordnung, nicht klar zu sein. Wir erinnern uns daran, dass wir Situationen so zulassen, wie sie sind, frei von Ängsten, Urteilen oder Bewertungen. Und je mehr wir Raum für uns schaffen je mehr wir uns Raum geben, um mit dem Moment in Frieden zu sein, desto leichter fällt es uns, jeden aktuellen Schritt zu erkennen.

Wir sind immer richtig genau da, wo wir im jetzt sind.

Und alles ist gut.

UNSERE ENTSCHEIDUNGEN SIND GRUND GENUG: WIR WÄHLEN SELBST, WAS IN UNSEREM LEBEN PASSIERT.

Wir müssen uns nicht anbiedern oder betteln , um die Erfahrung all dessen zu machen, was uns Freude bereitet. Wir haben verstanden, dass alle vermeintlichen Beschränkungen, die wir uns selbst auferlegt haben, was wir haben können oder nicht haben können, nur vorübergehende Beschränkungen waren. Wir im Jetzt haben beschlossen, uns weder in Gedanken noch in Taten zu beschränken. Wir haben verstanden, dass wir ewig eigenverantwortlich sind und das Geschenk des Lebens entdeckt werden darf.

Es liegt an uns, uns darum zu kümmern, wie wir uns fühlen. Wenn wir uns darauf konzentrieren, wie ermächtigt, liebevoll, weise und mächtig wir sind, können wir uns über jeden aktuellen Schritt im Klaren sein, den wir zum Gelingen einer neuen Qualität im Miteinander beitragen.
Der Rest ergibt sich von selbst. Wir sind zueinander gekommen, um kühn und ergebnisoffen zu erschaffen, mit der allem was wir zum Gelingen beisteuern können. Diese Perspektive kennt keine Regeln, keine Grenzen, keine Begrenzungen. Es muss anderen nicht gefallen oder erklärt oder gerechtfertigt werden. Es muss noch nicht mal Sinn ergeben.

Es ist die Vision, die wir in diese Welt bringen können. Es entstehen Ideen durch alles, was wir sind. Wir wissen, wenn wir uns allen in Fülle vertrauen werden wir immer Entscheidungen treffen, die mit dem übereinstimmen, was wir sind auf allen Ebenen. Es gibt nichts, wovor wir uns fürchten oder
was wir vermitteln müssten. Für uns im Wir und jetzt ist der Erfolg schon da. Wir sind allein durch unsere Existenz erfolgreich. Durch die einfache
Entscheidung, voll und ganz zu leben, haben wir selbst selbst die Erlaubnis erteilt, unser Leben voll und ganz zu leben, zu schaffen, was noch nie erschaffen wurde, zu leben, wie noch niemand gelebt hat. Ob die physischen Ziele übereinstimmen oder nicht, ist irrelevant. Wir geben alle Erwartungen darüber auf wie die Dinge sein sollten oder zu sein haben, während wir liebevoll wählen, worauf wir unseren Fokus im jeweiligen Moment richten.

Jeder von uns ist ein Alchemist, und durch uns verwandelt sich das Leben in eine neue Qualität mit wundervollen Perspektiven für jeden.

Wir brauchen keine Erlaubnis von anderen, um unser Leben so zu leben, wie es sich für uns richtig anfühlt.

Wir geben uns selbst die Erlaubnis das Leben nach unseren vereinten, geleiteten Wahrheiten zu leben.

Wir wissen, dass wir Visionäre sind Unendlich kreatives Wesen mit Visionen und Gedanken, die nur Wir auf die Welt bringen werden.

Wir wissen dass diese Visionen sehr unterschiedlich aussehen können.

Wir wissen, das wir diese Visionen leben, wenn sich ausreichend Resonanz im wir findet und unser Leben von Moment zu Moment einfach Freude am Sein und am Leben mit sich bringt. Es kann mal schnell und mal langsam voran gehen, es kann zum Stillstand kommen. Alles kann sich von Moment zu Moment ändern.

Was auch immer kommt und geht, wir wissen, dass wir natürliche Menschen sind, unendlich reich an der Fülle aller Möglichkeiten.

Die Formen des Lebens kommen und gehen, wir sind nicht von den Formen abhängig, um hier in unserem Raum auch unsere Visionen zu leben.

Unsere Visionen leben in der Freude unserer Herzen, in unserem eigenen Sein

Wir wissen, dass die Meinungen anderer, auch wenn sie gut gemeint sind, keinen Einfluss auf unsere jeweilige Vision haben - denn ihr Weg ist nicht unser Weg, und unser Weg ist nicht ihr Weg. Wir hören mit Liebe und Wertschätzung zu und entscheiden uns für das, was für uns ohnehin wahr ist.

Wir entscheiden, fühlen und tun das, was wir voran bringen dürfen. Es gibt eine Führung die uns allen zeigen wird, was stimmig sein darf und dort finden wir immer unendlich viele Impulse die uns immer zur Verfügung stehen.

Wir sind Mut, Kraft, Entscheidende, die stets dem Ruf ihres Herzens folgen und alles weg lassen was dem nicht dienlich ist.

Wir wagen es, mit der Fülle unseres Seins zu leben.

Wir sind Visionäre und dies ist unser Leben, das wir auf allen Ebenen so leben, wie es für uns alle stimmig ist.

SELBST WENN WIR EINE SCHEINBAR EINMALIGE GELEGENHEIT VERPASSEN, STEHEN IMMER UNENDLICH VIELE WEITERE FÜR UNS BEREIT, WENN WIR SIE BRAUCHEN.

Wir lieben Gelegenheiten - sie verbinden uns immer mit dem, was wir im Moment am meisten brauchen.

Moment.

Manchmal scheint die Gelegenheit zu klappen, und wir staunen über die Freude, die sich einstellt.

Und doch scheint es manchmal so, als würden wir eine Gelegenheit verpassen. Wir dachten immer, der Zug ist abgefahren, unsere Chancen sind dahin.

Doch wir haben etwas Neues gelernt... selbst wenn ein Zug abgefahren ist, sind um uns herum unendlich viele Züge mit Chancen, die in den Gezeiten des Lebens um uns herum tanzen und die passen ins Wir im jetzt, als Erfahrung von Moment zu Moment.

Selbst wenn also ein Projekt nicht ganz funktioniert, wissen wir, dass sich unmittelbar danach neue Chancen zeigen.

Die Gelegenheiten, von denen wir einmal dachten, dass wir sie verpasst haben, sind die Themen, die sowieso nicht für uns bestimmt waren.

Und in jedem Moment findet sich die perfekte Gelegenheit für den Ort, an dem wir uns gerade befinden,
bereit, in dem Moment einzusteigen, in dem wir uns dafür entscheide.

Inzwischen erinnern wir uns jetzt mit Freude daran, dass wir nie wirklich etwas vermissen, was uns gehört.

Wir leben in einem Meer von
Überfluss der endlosen Möglichkeiten, und wir sind immer mit dem verbunden, was wir gerade am meisten brauchen.

Wir im jetzt.

ZEIGEN
WIR
MIT EINEM FINGER
AUF ANDERE, ZEIGEN DREI
FINGER AUF UNS.

WAS IMMER WIR IN EINEM ANDEREN SEHEN, IST EIN SPIEGELBILD
VON UNS SELBST. WENN WIR UNS
BEI DIESEM ANBLICK UNWOHL ODER VER–
ÄRGERT FÜHLEN, WISSEN WIR, DASS WIR UNS
KLAR SAGEN: „ES GIBT ETWAS, ETWAS, DAS ICH JETZT AN
MIR SELBST UNTERSUCHEN DARF". WIR WISSEN, WENN WIR ÜBER
EINEN ANDEREN URTEILEN, URTEILEN WIR IN WIRKLICHKEIT ÜBER UNS SELBST.

Wir sagen:
"Das, was ich
sehe, ist für mich
inakzeptabel und ich lehne
es ab" und wissen bereits, dass
wir tief in unseren eigenen Gründen
geliebt werden wollen, so wie wir sind.
Es tut weh, sich abgelehnt zu fühlen. Es schmerzt,
sich getrennt zu fühlen. Wir kennen das Phänomen
von Projektionen und entscheiden, jetzt und immer, die projizierte Vision,
die wir in anderen sehen, nicht länger abzulehnen. Stattdessen entscheiden wir uns, die
Illusionen von Schmerz und Verurteilung als das zu sehen, was sie sind - Orte in uns selbst
die am meisten geliebt werden wollen. Wir erinnern uns jetzt daran, dass wir heilen, wenn
wir das Unliebsame lieben, das Unannehmbare akzeptieren und das Unfassbare umarmen.
heilen wir uns alle. Denn wenn wir uns selbst voll und ganz mit allen Macken und "Special
Effects" lieben, mit allen wahrgenommenen Fehlern, lieben wir uns alle voll und ganz. Die
Makel werden dann zu Geschmacksrichtungen - zu verschiedenen Arten, das Leben zu
erleben. Wir lieben uns. Wir haben uns immer geliebt. Und wir nehmen uns in aller Ganzheit
an, so wie wir jetzt sind. Wir alle haben Liebe verdient und so sind wir alles Liebe.

NOTIZEN

SCHREIB DIR AUF WAS DIR NACH
DEM LESEN DIESER ZEILEN
EINFALLEN MÖCHTE.

WAS IN MIR FREUT SICH AUF DAS WIR?

JEDER GIBT SEIN BESTES

Wir erkennen und respektieren unverhandelbar, dass wir alle unser Bestes geben.

Alle Entscheidungen, die jemand trifft sind eine Reflexion der Überzeugungen, Gedanken, Gefühle und Meinungen, Meinungen, die jeder für sich in diesem Leben und in einer Reihe von Leben gewählt hat.

Sie tun ihr Bestes, um sich aus der Perspektive zu lieben, die sie gerade haben, so wie jeder von uns sein Bestes gibt, um uns so zu lieben, wie wir jetzt sind.

Wir akzeptieren, dass wir uns genauso fühlen würden wir sie, wenn wir in ihren Schuhen stecken würden.

Dieses Erinnern verbindet uns mit Mitgefühl und Verständnis. Wir haben eine Ahnung davon, dass wir nur andere oder uns selbst verletzen, wenn wir im Widerstand sind.

Wir erinnern uns daran, dass wir auf einer gewissen Ebene alle miteinander verbunden sind. Und wenn wir uns alle an diesen genialen Akt erinnern, an dem wir teilnehmen, sehen wir hinter dem Gesicht eines jeden Menschen einen lieben Freund, einen Bruder, eine Schwester im Geiste.

Und wir würden ihnen niemals wirklich etwas antun wollen.

Wir erinnern uns selbst daran, dass wir sie lieben und dass sie uns lieben - auch wenn wir das vielleicht ab und zu vergessen.

Deshalb erinnern wir uns jetzt daran, unser Bestes zu tun, um uns selbst und unseren Brüdern und Schwestern ALLEN keinen Schaden zuzufügen. Wir sind es die entscheiden und nicht zulassen, daß uns jemand in seinem Widerstand Leid zufügt.

Liebe bedeutet nicht, dass wir irgendjemandem erlauben, uns mit seinen Geschichten zu manipulieren.

Liebe bedeutet, dass wir uns erlauben können, wir zu sein und uns ganz so zu lieben, wie wir jetzt sind und wir können uns erlauben

uns ganz so sein zu lassen, wie wir jetzt sind. Wenn das, was jemand sein will, und das, was jemand anderes sein willst, in diesem Moment nicht zusammenpassen können wir uns ein anderes Mal treffen, in einer anderen Form. Wir lieben uns alle genug, um diese Entscheidung zu treffen.

Wir wissen, wenn wir alle bereit sind, uns bewusst als Liebende zu begegnen, können wir uns unserer Verbindung bewusst sein Jetzt lieben wir uns so sehr, dass wir nicht zulassen möchten gemeinsam Schaden zu erschaffen.

Niemand würde wirklich verletzen können oder verletzt sein, wenn er sich daran erinnert, dass wir alle miteinander verbunden sind. Wir erkennen

dass alle, von denen ich dachte, sie hätten uns aus Bosheit verletzt, immer nur verwirrt sind.

Denn letztendlich sind wir das Ganze.

NIEMAND KANN UNS
OHNE UNSERE
ERLAUBNIS
ZU IRGENDWELCHEN
GEFÜHLEN ZWINGEN .

Niemand kann uns glücklich machen.

Niemand kann uns traurig machen.

Wir sind keine Opfer.

Wir sind ganz eigene, individuelle, autonome Wesen.
Wie wir unsere Gefühle ausdrücken, ist unsere Wahl. Worauf wir uns
konzentrieren, ist unsere Entscheidung.
Die Dinge können uns nur so stark beeinflussen, wie wir es ihnen
erlauben.
Und wenn wir eine Erfahrung machen, die ein starkes Gefühl hervorruft,
wissen wir, dass es an der Zeit ist, in uns zu schauen, welche
Geschichte wir uns bewusst oder unbewusst erzählen, die eine solche
Reaktion auslöst.

Unsere Kraft kommt von innen, und wir sind immer mit ihr verbunden.

Je mehr wir uns dessen bewusst sind, desto mehr können wir jederzeit
auf diese Kraft zugreifen

WER WIR SIND, HÄNGT
NICHT DAVON AB, WAS
ANDERE ÜBER UNS
DENKEN.
WAS ANDERE ÜBER UNS
DENKEN, IST IHRE SACHE
UND HAT NICHTS MIT UNS
ZU TUN.

Ob gut oder schlecht, was andere von uns denken, hat mit den anderen zu tun und nicht mit uns. Schmeicheleien und Verurteilungen perlen gleichermaßen von uns ab wie Wasser auf Wachs. Es hat nichts mit uns zu tun.

Es ist nur eine Projektion dessen, was jemand denkt, was wir für ihn darstellen.. Kein Urteil oder keine Bewertung kann jemals definieren, wer wir sind. Wenn wir eine unvoreingenommene Sichtweise haben möchten, wissen wir, dass die klarste Antwort von innen kommt, wenn wir mit unserem Herzen verbunden sind. Wir haben gelernt, keine Angst zu haben, uns selbst so zu sehen, wie wir wirklich sind, und so werden wir immer alle Antworten finden.

Jedes äußere Urteil über uns ist ein Kommentar aus der Perspektive desjenigen, der das Urteil gefällt hat.

Außerdem wissen wir, dass jeder, der Menschen oder uns für weniger als Liebe hält, eine ungesunde Haltung einnimmt, die es nicht wert ist, als Wahrheit betrachtet zu werden - den anderen oder uns selbst als etwas weniger als Liebe zu sehen, entspricht einfach nicht der vollen Wahrheit.

Deshalb ist es für uns wichtiger, nach innen zu gehen, um unsere eigenen Illusionen und Wahrheiten zu durchschauen, als im Außen nach Bestätigung für sie zu suchen.

Wir bevorzugen den Frieden und müssen nicht Recht haben

Damit es Dunkelheit geben kann, muss es Licht geben. Damit es Licht gibt, muss es auch Dunkelheit geben.

So ist der Fluss der Dualität.

Richtig und falsch sind Positionen einer dualen Perspektive.

Richtig und falsch beruhen auf Begrenztheit. Doch wir sind universell.

Das Leben ist vielschichtiger, komplexer und so viel schöner als richtig und falsch.

Entscheiden wir, dass die eine Perspektive richtig und die andere falsch ist, wir der Raum für Fülle und Möglichkeiten sehr eng.

Wir können auch entscheiden, worauf wir uns konzentrieren. Wir müssen nicht richtig oder falsch sein, denn es gibt auch den dritten Fokus, die Harmonie oder Balance.

Für uns ist der Mittelweg eine Alternative und trägt dazu bei, im Frieden verwurzelt zu sein und kein Gegenteil zu kennen.

Es ist die Wahrheit, die einfach ist, die nicht erkämpft und auch nicht bestritten wird.

Damit sind wir im Frieden. Und wir öffnen uns dafür, sowohl als richtig als auch als falsch angesehen zu werden. Wir öffnen uns für den Frieden.

Und in diesem Raum des Friedens wissen wir, dass die Wahrheit klarer hervortritt als jede persönliche

Perspektive es jemals könnte, und alles ist gut.

Wir entscheiden uns für Unterscheidungsvermögen statt für das Urteil. So können wir uns bewusst sein, was sich von Moment zu Moment als wahr erweisen mag.

Das Urteilsvermögen nutzt Angst, Schmerz, Recht und Unrecht, um uns und andere zu zwingen, Entscheidungen zu treffen die jemand für richtig hält. Es muss etwas falsch gemacht werden, damit es richtig sein kann.

Unterscheidungsvermögen ist Freiheit und Liebe. Es erlaubt jedem und allen bewusste Entscheidungen für jeden von uns zu treffen und sich dabei bewusst zu sein, was diese Entscheidungen mit sich bringen.

Unterscheidungsvermögen braucht nichts, um richtig oder falsch zu sein. Alles darf so sein, wie es ist. Es erlaubt eine Wahl auf der höchsten Ebene durch jede Erfahrung des Bewusstseins. Es ermöglicht Ausdrucksformen bewusster Liebe wo wir uns lieben können, so wie wir sind, und wir jeden sein lassen können.

Wir erinnern uns daran, dass wir uns selbst oder andere nicht dazu zwingen müssen, das zu tun, was unserer Meinung nach getan werden sollte. Stattdessen können wir Unterscheidungsvermögen einsetzen und wählen, was in jedem Moment für uns wahr ist, und allen erlauben dasselbe für ihre gewählten Erfahrungen zu tun. Wir sehen die Weisheit darin, Unterscheidungsvermögen zu nutzen und uns in jedem Moment mit unserem volleren Bewusstsein zu verbinden, aus einem Raum der Liebe und des Selbstbewusstseins.

JEDER VON UNS HAT EINE GABE, DIE ABSOLUT EINZIGARTIG IST. ES GIBT NIEMANDEN SONST AUF DIESER WELT, DER DIESE GABE HAT, UND ES IST DIE ENTSCHEIDUNG, JEDES EINZELNEN, ZU LEUCHTEN, ODER SIE ZU VERBERGEN.

Unsere jeweilige Gabe ist nicht das, was uns besonders macht. Wir sind etwas Besonderes, weil wir es sind.

Ganz gleich, was andere tun oder sagen, selbst wenn die Gabe eines anderen mit unserer identisch zu sein scheint, Wir wissen, dass es nicht so ist. Wir sind einzigartige multidimensional frequentierte Wesen - und wenn wir uns in unseren Herzen und unsere Seele inspiriert fühlen, vorwärts zu gehen, dann wäre es unerheblich wie oft es diese Gabe sonst noch gibt.

Wir wissen, dass in dieser Inspiration, in diesem Seelenruf, in diesem Drang, etwas ist, das danach ruft sich auszudrücken, gesehen zu werden, gehört zu werden.

Sonst wären wir nicht inspiriert worden.

Und unsere Inspiration zu sprechen, zu teilen, zu erschaffen, zu sein, aufzutauchen - wie auch immer es sich für uns anfühlt Moment zu Moment - ist genug des Wissens.

Wir wissen, dass, wenn es uns inspiriert, wir dazu aufgerufen sind, unsere einzigartigen ICH BIN-Geschenke auf die Weise zu zeigen die uns alle auf jeder Ebene erfreut.

Wir müssen nicht wissen, „wie das aussieht", wir dürfen von Moment zu Moment entscheiden, JA zu sagen uns leuchten zu lassen. Wenn wir auf diese Weise mit dieser Welt spielen, fließt unsere Gabe ganz natürlich.

Das können wir spüren, da braucht es kein Denken.

Wir sind der ganze Ozean in einem Tropfen - und ohne uns wäre der Ozean nicht derselbe. So ist es mit jedem Einzelnen.

Wir teilen unsere Stimme. Wir öffnen uns, jeder tanzt seinen Tanz. Auf all die Arten, die wir erkennen, dass wir gebraucht werden, dass wir gewollt sind und dass wir auf jeder Ebene hier sind.

Wir sind hier und wir sind....

ANGST IST EIN ZEICHEN FÜR GEDANKEN, DIE WIR GLAUBEN UND DIE NICHT WAHR SIND.

Angst ist eine Wahrnehmung der Realität, die Enge und ungute Gefühle erzeugt und beruht auf Begrenzung und Glaubenssätzen, die uns nicht länger behindern. Natürlich ist Angst ein sehr hilfreiches Gefühl in wahren Gefahrensituationen. Von dieser Angst ist hier nicht die Rede.

Unser offenes Herz ist ein Leitsystem, ein Kompass.

Wenn wir uns in einem Zustand der Angst befinden, zeigt es uns an:
„Der Gedanke oder die Wahrnehmung, an der du festhältst ist nicht wahr."

Selbst die Angst vor dem Tod oder vor Schmerzen erinnert uns daran, dass wir nicht diese begrenzte Form sind, für die wir uns manchmal halten.
Wir sind im jetzt..
Egal, welche Veränderungen wir erleben, wir erinnern uns,
dass alles gut ist so wie es ist.
Deshalb haben wir keine Angst mehr vor der Angst. Wir betrachten sie als einen Indikator, der uns hilft, unseren Fokus zu verlagern.

Je bewusster wir uns mehr und mehr auf die Dinge konzentrieren, die uns stärken, wird die Angst anmutig ersetzt durch Bewusstsein.

WIR SIND GANZ. WIR SIND UND WAREN NIE GETRENNT. WIR HABEN NUR VORÜBERGEHEND EINE SHOW GESPIELT UND DAS KÖNNEN WIR SOGAR SO GUT, DASS WIR UNS SELBST WAS VOR GEMACHT HABEN.

In der Fülle unserer natürlichen Existenz und aus allem was wir inzwischen lernen durften sind wir ganz. Jetzt und immer. Wir entscheiden uns dafür, uns so in der Fülle anzunehmen, wie wir jetzt sind.

Wir wissen, dass es mehr zu dieser Geschichte gibt und Dinge, die uns möglicherweise noch nicht klar sind. Wir entscheiden uns dafür, uns auf all die Dinge zu konzentrieren, die wir für möglich halten statt uns an Erinnertem und Wahrscheinlichkeiten gedanklich fest zu beißen.

Damit öffnen wir den Raum um uns mit aller Energie, unserer Kraft, unserer Liebe und unserer Weisheit zu verbinden. Wir wissen, dass alles, worauf wir uns konzentrieren zu den Erfahrungen führt, die wir machen. Wir wissen, dass alles von dem wir dachten, es müsse geändert oder verändert werden, sich ganz sanft entfaltet wenn wir die Finger und unsere Gedanken davon lassen. Diese Wahrheit wird uns von Augenblick zu Augenblick deutlicher.

Alles was wir lernen dürfen ist, dass wir ganz sind, frei sind und in Fülle sind, ob wir das nun schon wissen oder nicht.

NOTIZEN

SCHREIB DIR AUF WAS DIR NACH
DEM LESEN DIESER ZEILEN
EINFALLEN MÖCHTE.

WAS IN MIR FREUT SICH AUF DAS WIR UND WARUM?

WIR KÖNNEN NICHT WIRKLICH ETWAS VERLIEREN, DAS UNSER WIR WIRKLICH AUSMACHT

Nie. Alles, was wir in diesem Leben oder in irgendeinem Leben verlieren, ist ein Hinweis auf etwas, das nicht wirklich das war, was wir SIND.

Besitztümer kommen und gehen. Partner und Freunde können kommen und gehen. Sogar dieser Körper kann kommen

und gehen. Doch erinnern wir uns...

Wir können nicht verlieren was wir SIND. In der Form können wir uns verwandeln, wir können uns verändern, doch wer wir SIND ist immer.

Der Teil von uns, der Angst vor Verlust hat, ist der Teil von uns, der nicht wir ist - es ist das kleine Selbst.

Er fürchtet die Geschichte zu verlieren, von der jeder dachte, er sei die Geschichte.

Manchmal haben wir Angst davor, die Geschichte zu verlieren, von der jeder dachte, er sei seine Geschichte.

Wir wissen, dass nichts vor seiner Zeit verschwindet. Und wenn etwas unsere Erfahrungen verlässt , ist es wirklich auf allen Ebenen das Beste für uns.

Wir vertrauen uns selbst. Das wahre Selbst weiß, dass es niemals verloren gehen kann.

In diesem Bewusstsein erlauben wir uns allen Formen des Todes im Leben zu begegnen.

Wir vertrauen darauf, dass, wenn sich ein Teil unserer Geschichte verändert, eine noch bessere Erfahrung aus dieser Veränderung hervorgeht.

Und so erinnern wir uns, dass nichts von dem, was wir sind, wirklich verloren geht.

WIR MACHEN KEINE KOMPROMISSE, UM UNSERE TRÄUME ZU LEBEN.

Manchmal dachten wir, wir müssten unsere Erwartungen im Zaum halten, um uns nicht selbst zu enttäuschen, also haben wir hin und wieder Entscheidungen oder Kompromisse gemacht, die uns nicht in jeder Hinsicht entsprachen.

Je mehr wir uns erlauben, kühn zu sein und groß zu träumen, je mehr wir dem Rhythmus unserer Herzen folgen, je mehr wir die Freiheit annehmen anstatt uns unter einer gefühlten Sicherheit zu verstecken, desto besser verbinden wir uns mit den Überraschungen des Lebens.

Wir geben uns jetzt und immer die Erlaubnis, voll und ganz, kühn und ungehemmt zu leben - als die weisen, liebevollen und kraftvollen Wesen zu leben, die wir sind, und zwar auf jede Art und Weise, die uns auf jeder Ebene erfreut.

Wir sind begeistert zu wissen, dass wir nicht mehr wissen müssen, WIE das ganze Bild auf der materiellen Ebene funktionieren wird.
Wir erinnern uns daran, dass jeder Schritt sich im Moment präsentiert, und wenn wir uns auf unsere größten Erwartungen konzentrieren und bewusst ausrichten, versorgt uns das Leben immer mit dem, was wir von Moment zu Moment am meisten brauchen.

Hier sind wir Leben! Wir lieben uns! Jeder liebt sich! Wir lieben alles, was wir sind!

WIR SIND VERBUNDEN
MIT UNENDLICHER FÜLLE,
UNENDLICHEM
REICHTUM, UNENDLICHER
FREIHEIT. ALLE GEDANKEN
AN GEFÜHLTE ARMUT
ZEIGEN UNS, WO WIR UNS
DARAN ERINNERN
DÜRFEN, UNS SELBST ZU
LIEBEN.

Wir erlauben uns, reich und wohlhabend zu sein.

Wir dürfen damit spielen, wie es sich natürlich anfühlt.

Wenn wir jetzt oder später kein Geld haben, wissen wir, dass alle Dinge trotzdem zu uns fließen.

Geld ist nur ein Werkzeug im riesigen Werkzeuggürtel des Überflusses.

Wir erlauben uns, uns damit zu verbinden, Wir erlauben ihm, Teil unserer Erfahrung zu sein. Es ist weder gut noch schlecht.

Und durch jeden von uns darf alle Energie fließen, damit wir mit allen Aspekten dieses Leben, vereint und ganz, schöpfen, spielen und Freude haben dürfen.

Wir werden so sehr geliebt. So voll und ganz geliebt.

Und wir
müssen nichts tun, um dieser Liebe würdig zu sein.
Es ist einfach so!

Wir werden geliebt, jetzt und immer.

Wir sind immer der Liebe würdig,

jetzt und immer.

Es gibt nichts, was dies ändern

könnte. Es ist so.

Das war schon immer so.

Es wird immer so sein.

Und wir erlauben uns, uns mit diesem

Erinnern zu verbinden, jetzt und

immer.

Jeder ist so so geliebt.

Wir sind Liebe.

WIR SIND.

Eine Vision des Lebens mit vereinten Herzen - oder 'warum wir uns entschlossen haben, so zu sein, wie wir sind, und du kannst es auch, wenn es
dich ruft.

Wir sehen ein Leben, in dem wir alle als unsere Wahrheiten leben: die sich ständig entfaltende, sich ausdehnende kreative Seele
Visionäre, die wir sind - von Augenblick zu Augenblick.

Ein Leben frei von „sein müssen, sein sollen" - ein Leben in dem wir so leben, wie wir wirklich sind - auf eine Weise, die mit dem rufenden Lied unseres Herzens und unserer Seele singt
von Augenblick zu Augenblick.

WIE WÄRE ES MIT EIN
PAAR WEITEREN
PERSPEKTIVEN FÜR DEN
FLUSS DES LEBENS
.... WEIL ES SICH
GROSSARTIG ANFÜHLT, IN
UNSEREM FLUSS ZU SEIN...

Es gibt nichts, was wir wirklich tun können, um etwas zu verletzen, zu versauen, zu zerstören, in irgendeiner Weise kaputt zu machen. Alles heilt.

Es ist wirklich alles in Ordnung. Wir sind okay.

Wir dürfen unser Leben, unsere Geschichte und unseren Weg völlig neu erfinden, wann immer wir wollen. Es ist nie zu spät.

Wir können zu allem Nein sagen, zu dem wir Nein sagen möchten.

Wir können auch zu allem Ja sagen, zu dem wir Ja sagen möchten.

Entscheidungen brauchen keine Erklärungen. Dies ist unser Leben.

Niemand sonst muss uns bestätigen oder uns die Erlaubnis für unsere Entscheidungen geben. Wir sind genug.

Wenn uns eine Meinung entmachtet, bedeutet das einfach, dass sie nichts für uns ist, und dass es eine bessere, erfreulichere Perspektive für uns gibt,

die uns mehr Freude macht und uns mehr entspricht.

Wir werden unsere Augen immer dafür offen halten während wir vorwärts gehen.

Jeder, der uns mit weniger als bedingungsloser Liebe behandelt, ist im Widerstand, denn wenn er sich an die Verbindung zu seinem eigenen Herzen erinnern würde, würde er weder uns noch irgend jemand anderen nachlässig behandeln.

Schmerz ist ein Zeichen von Widerstand. Wir entspannen uns und schwimmen mit dem Strom. Nichts ist jemals so schlimm, wie es im Verstand schmerzen möchte.

Unser spirituelles Wachstum und unsere Entfaltung geschieht auf natürliche Weise. Wir erzwingen nichts und wir kämpfen auch nicht.

Alles, was wir brauchen fließt uns zu.

JETZT

DIE ZEIT, IN DER WIR UNS VERRENKEN MUSSTEN, UM IN EIN LEBEN ZU PASSEN, DAS EINFACH NICHT ZU UNS PASST, IST VORBEI.

ES IST AN DER ZEIT, ZU SEIN. UM UNSERE FLÜGEL AUSZUBREITEN. IN ALL UNSERER HERRLICHKEIT ZU STEHEN, SO WIE WIR JETZT SIND UND IN JEDEM EINZELNEN MOMENT.

IN UNSEREM HERZEN SCHLÄGT DIE MELODIE EINER VEREINTEN VISION. EINE, IN DER WIR FREI SIND, WIRKLICH FREI, UM ZU SEIN, ZU LEBEN UND UNSER LEBEN SO AUSZUDRÜCKEN, WIE WIR ES VON AUGENBLICK ZU AUGENBLICK SIND.

ES LEBT IN UNS. SIE LEBT ALS WIR – JETZT. JETZT, JETZT, JETZT.

DIES IST EINE VISION JENSEITS VON ZEIT UND RAUM. ES IST NICHT ETWAS, FÜR DAS WIR KÄMPFEN MÜSSEN, AUF DAS WIR HINARBEITEN ODER ODER AUF „EINES TAGES" HOFFEN.

JETZT. JETZT. JETZT.

L

I

E

B

E

DAS IST DER GRUND, WARUM WIR UNS FÜR DIE LIEBE ENTSCHEIDEN - LIEBE ZU UNS SELBST, LIEBE ZUEINANDER, LIEBE ZU DIESER WELT, WIE SIE IST - WAHRGENOMMEN MIT ALL IHREN FEHLERN. UND IN DIESER VOLLEN UND BEDINGUNGSLOSEN LIEBE ERINNERN WIR UNS DARAN, DASS WIR EINS SIND - UND WIR SIND OFFEN

REALITÄTSCHECK:

NUN WERDEN VIELE GEGEN-ARGUMENTE HOCHSPRUDELN UND JA, ES WIRD EINE HERAUSFORDERUNG FÜR ALLE. ES LÄDT UNS EIN, EINE SOZIALVERTRÄGLICHKEIT ZU GESTALTEN, DIE WENIGER VOM GELD UND MEHR VON DER FREUDE AM TUN GEPRÄGT IST. DIESBEZÜGLICH BEFINDEN WIR UNS AKTUELL IN EINER GESELLSCHAFTLICH KONTROLLIERTEN SCHRÄGLAGE, DIE SICH AUF DIE EIN- ODER ANDERE ART UND WEISE KORRIGIEREN LÄSST. ANGST MACHT LAHM UND OBRIGKEITSHÖRIG, REVOLUTIONEN GAB ES SCHON ZU GENÜGE UND SIE FÜHRTEN ZU KÄMPFERISCHEN AUSEINANDERSETZUNGEN. DAS KENNEN WIR ALSO AUCH SCHON. ES HAT DIE ILLUSION UNBERECHTIGTER ÄNGSTE IN UNS ÜBERHAUPT ERST GESCHÜRT UND DAS INZWISCHEN ÜBER JAHRTAUSENDE. WÄREN WIR KEINE LERNFÄHIGEN ABENTEURER DES LEBENS UND AUFGRUND DIESER ERFAHRUNGEN SCHREIBEN WIR HIER NEUE TÖNE. DER FRIEDEN BEGINNT IN DIR. WERTSCHÄTZEN UND BEZAHLEN IST EIN UNTERSCHIED. WIR WÜNSCHEN UNS MÜLLMÄNNER UND KRANKENSCHWESTERN ODER ÄHNLICH HILFSBEREITE MENSCHEN, DEREN ENORME MENSCHLICHE LEISTUNG WERT GESCHÄTZT WIRD DAMIT SICH ETWAS DREHT. GELD IST KEIN MOTOR DER MENSCHLICHKEIT, ES TREIBT UNGERECHTIGKEIT UND MOTIVIERT IN EINE ABHÄNGIGKEIT DIE UNGESUND IST UND WESENTLICHE BEDÜRFNISSE DER MENSCHEN IGNORIERT, MANIPULIERT UND SIE IM SCHLIMMSTEN FALL ERKRANKEN LÄSST. WO SOLL DAS HIN FÜHREN?
WIR GEHEN DAS EXPERIMENT NICHT LÄNGER MIT UND SORGEN LIEBER FÜR DEN INNEREN FRIEDEN, DER UNS ZUSAMMEN WIRKLICH GENIAL WIRKEN LÄSST. DAS IST DER KERN DIESER INITIATIVE UND ALLES WEITERE HABEN WIR NOCH NICHT ERLEBT, ES FÜHLT SICH GUT AN UND ERMÖGLICHT WAHRE, FLEXIBLE UND TRANSPARENTE NEUE PERSPEKTIVEN!
WIR WACHSEN WIEDER ZUSAMMEN STATT UNS ZU VERGLEICHEN.

HERZLICH WILLKOMMEN IM WIR UND JETZT!

Herzlich willkommen auf einer digitalen Plattform für dein ergebnisoffenes selbst im WIR und JETZT. Wir haben lange gesammelt, getüftelt, geschwitzt und gelernt und freuen uns um so mehr, endlich einen ergebnisoffenen Raum entdeckt zu haben in dem du sowohl mit dir als auch mit dem WIR ins Reine kommen darfst.

Es gibt so unendlich viel neues brauchbares Wissen zur Veränderung und wir haben in den vergangenen 20 Jahren alles was wir auf der Plattform zeigen auch erfahren und unsere Schlüsse daraus gewonnen. Die Sammlung erhebt weder einen Anspruch auf Vollkommenheit, noch auf Stimmigkeit für jeden Einzelnen, doch sie spiegelt viele wertvolle Impulse und das überraschende ist. Alles ist irgendwie mit allem verbunden. Aus einer holistischen Sicht bieten die Ansätze so einen Überblick und jeder, der sich das gönnen mag darf sich alle Themen im eigenen Tempo für seinen ganz eigenen Veränderungsweg nach intuitivem Gutdünken gönnen. In der Community sind Coaches, die ihren Einsatz von Herzen gern leisten und sich tatsächlich berufen fühlen, Menschen wirklich und wirksam zu unterstützen ohne dabei Unsummen aus der Tasche zu ziehen. Wir kennen uns und empfehlen nach

Gefühl und nicht nach der Provision die wir bekommen. Wir sind nicht käuflich sondern wertvoll. Wir brauchen und erwarten nicht. Wir sind ergebnisoffen und lassen einfach weg, was nicht stimmig anmutet.

Die Vision von einem neuen Miteinander in neuer Qualität ist eine Verbundenheit der Mitglieder, die von Liebe, Offenheit und Ehrlichkeit geprägt ist. Kreativität, Begeister und Freude auf eine zufriedene Zukunft verbindet uns.

Wir nutzen unsere Community Power für Manifestationen und setzen alles um, was uns Freude macht.

Ein riesiger, friedlicher See in dem wir Gedankenwellen erzeugen, die einer friedlichen Zukunft dienlich sind. Creativita ist keine neue Gemeinschaftsblase sondern ein durchlässiger Raum in den jeder kommt und geht ganz nach eigenem Gefühl.
Eine ideale Gelegenheit Neues zu Entdecken und neue Wege zu gehen. Ein Raum, der täglich Veränderung trainieren möglich mach und eine neuen Lebensmodus entstehen lässt.

Wir und Jetzt.

DANKE für DICH!

https://creativita.club

Pfleg dich gern ins Geschehen ein!

Alles kann, nichts muss.